Ein Buch über Sport für
Kinder
zum Träumen ….
zum Lachen
kann man auch Sporti sagen

von Peter Oberfrank – Hunziker

Impressum:

Bibliografische Information der Deutschen Nationalbibliothek: Die Deutsche Nationalbibliothek verzeichnet diese Publikation in der Deutschen Nationalbibliografie; detaillierte bibliografische Daten sind im Internet über www.dnb.de abrufbar.

© 2019   Peter Oberfrank - Hunziker
Herstellung und Verlag:
BoD – Books on Demand, Norderstedt

ISBN 9783750401785

Ein Buch über Sport ist zum Lesen, selber denken, anschauen und auch lachen …. auch zum Sport machen und selber zeichnen und schreiben und auch ganz bunt zeichnen und malen sowie auch schreiben. Einfach Spaß haben und spaßig sein.

Sport ist aktives Tun und auch ruhen. Beim Sport denkt man auch gerne und eine sportliche Betätigung ist auch zu arbeiten sowie in der Natur zu sein.

Im Sport gibt es schöne Zeichen und auch Zeichnungen und ganz wichtig sind auch schöne Feiern.

Sport ist witzig und macht viel Freude …. lachen ist wichtig und auch denken sowie handeln.

Träumen ist schön und ein schöner Sport ist die Leichtathletik mit Gymnastik …. hierbei ist es gut zu laufen, zu gehen, zu springen, sich schön zu bewegen ….

Beim Hürdenlauf springt man über Hürden

Beim Stabhochsprung springt man mit einem Stab zum Biegen

Beim Weitsprung ist es schön in den Sand zu springen ....

Beim Hochsprung ist es elegant hoch zu springen

Beim Speerwurf schaut man viel in der Umgebung und wirft mit Vorsicht und genauen Schauen einen Speer in eine leere Wiese

Beim Kugelstoßen zuerst gut schauen und auch mit Vorsicht in ein freies Sandfeld eine Kugel leicht stoßen und werfen

Beim Hammerwerfen wirft man mit vorherigem genauen Schauen und Denken auf eine freie Wiese ein Gewicht in Form einer Kugel an einem Stahlband mit viel Schwung ….

Beim Schwimmen ist es ganz fein im Wasser zu sein und sich an der Wasseroberfläche zu bewegen

Fußball spielen ist ein bekanntes Spiel mit einem Ball und den Füßen ....

Schifahren ist ein Fahren mit den Schi und Schischuhen auf dem Schnee und hierbei ist es wichtig in der Natur genau zu schauen ….

Beim Schispringen ist viel Gefühl dabei und man betrachtet genau die Schisprungschanze und den Schisprungaufsprunghügel und mit Denken springt man mit den Schi auf Schnee ....

Wasserschifahren ist ein gezogenes Schifahren mit einem Boot auf Wasser und die Wasserschi fahren mit Bewegungen auf der Wasseroberfläche …. zum Ruhen fährt man mit den Wasserschi zum Strand

Kanufahren ist sehr beliebt und hierbei ist man mit einem kleinen Boot im Wasser und schwimmt im Boot sitzend mit Paddelbewegungen im Wasser so dahin und dies ist ganz spaßig ….......

Tennis ist ein Spiel mit Tennisschlägern und einem Filzball

Beim Tauchen schwimmt man mit genauem Schauen im Wasser und schaut sich das Wasser und auch den Wasserboden und den Grund genau an ….......

Beim Ballett tanzen ist dies eine schöne
Bewegung mit oder ohne Musik ....

Volleyball ist ein Spiel mit einem leichten Ball und einem Netz in mittlerer Höhe, wobei dieses Spiel mit dem Ball in der Luft auch alleine gespielt werden kann ….

Wandern ist eine Bewegung in der Natur

Eishockey ist ein Spiel auf einer Eisfläche mit Eishockeyschläger, Eislaufschuhen und Puck .... mit Toren und einfach zum Spaß und lachen ....

Rodeln ist eine Bewegung mit einer Rodel, auf der man Sitzen kann, auf Schnee .... und man kann auf der Rodel einfach so mit Ruhe und Schauen sitzen ....

Sport ist auch einfach kreativ zu sein und zu zeichnen und zu malen, oder einfach die Ruhe zu genießen ….......

Golfsport ist ein Spiel auf einer Wiese mit einem Plastikball, den man mit einem Metallschläger bewegt ....

Federball ist ein spaßiges Spiel mit einem leichten Federballschläger und einem Federball, was man alleine spielen kann, oder auch mit mehreren bei einem Netz in leicht mittlerer Höhe ….......

Floorball ist ein Stockspiel mit einem Plastikball und mit Toren ….

Basketball ist ein super witziges Sportspiel mit einem plastikartigen Basketball und einem Basketballkorb in großer Höhe ….....

Schilanglauf ist ein rythmisches Bewegen mit Schiern auf Schnee in der wunderschönen Natur und auch in Sporthallen ……...

Radfahren ist ein Bewegungsspiel mit hoher Technik auf einem Metallfahrrad und auch schön ist es bei einem Fahrrad einfach zu sein ....

Handball ist ein Spiel mit einem Ball und den Händen ....

Eislaufen ist ein Bewegen mit Eislaufschuhen auf Eis ….......

Eiskunstlauf ist ein graziles und leicht elegantes Bewegen mit Eislaufschuhen auf Eis ….......

Tischtennis ist ein ganz witziges Spiel mit einem ganz leichten Plastikball auf einem niedrigen Tisch und ganz leichten Tischtennisschlägern mit Holzanteil, was man alleine am Tisch oder in der Luft und auch mit einem Tischnetz spielen kann ....

Kunstakrobatik ist ein wunderschönes Bewegen in eleganter und leichter Form ….......